Monsieur Allain Targé, Député de la Seine.

MON CHER DÉPUTÉ,

Vous avez cru, avec juste raison selon moi, qu'à l'occasion de la discussion générale du budget de 1880 il était nécessaire de rappeler du haut de la tribune aux porteurs de rentes 5 0/0 que ce fonds d'État est, conformément à la loi, à l'usage, à l'équité, et principalement dans l'intérêt des contribuables, destiné à être converti ou remboursé au pair, et que cette mesure, vu les prix respectifs actuels du 5 0/0, du 4 1/2 0/0 et du 3 0/0 amortissable ou perpétuel, peut être présentée d'un moment à l'autre.

Vous avez ajouté que, d'après vous, l'initiative devait en être laissée au gouvernement, parce qu'un ministre des finances, qui, pour une raison quelconque, serait opposé à cette réduction ou à cette conversion, serait peu apte à en suivre avec succès l'exécution.

Prévoyant que le gouvernement, par l'organe du

ministre des finances, se réfugierait derrière la question d'opportunité, vous avez démontré victorieusement que l'inopportunité ne saurait être invoquée, lorsque le fonds à convertir est, depuis si longtemps, au-dessus du pair, et qu'il dépasse de près de 16 0/0 le prix du remboursement légal.

Vous vous êtes, de plus, prononcé contre ce que vous appelez une conversion savante et pour une conversion facile, c'est-à-dire pour la réduction pure et simple du 5 0/0 en 4 1/2 0/0, sauf à revenir ultérieurement sur cette opération pour la compléter dans un délai dont vous n'avez pas déterminé la durée; vous croyez qu'il faut maintenant se contenter d'une réduction de 1/2 0/0 qui procurera un allégement au budget des dépenses de 34,600,000 francs, lesquels seront employés à dégrever les impôts de consommation qui pèsent si lourdement sur la classe populaire.

Quand vous teniez ce langage sensé et patriotique, vous ne pouviez pas savoir ce qui se passerait quelques jours plus tard dans un pays voisin, ce qui aurait fourni un argument de plus à votre thèse, argument que je considère comme irréfutable et décisif.

Le ministre des finances, que je crois au fond tout aussi partisan que vous de la conversion, mais qui me paraît assez mal engagé dans cette question, s'est bien gardé de contester la légalité ou l'équité de la conversion; il l'a au contraire affirmée en principe, mais, vu sa situation particulièrement difficile, il a comme d'habitude cherché à se tirer d'affaire en homme d'esprit. Ce qui s'est passé il y a quelques semaines à la commission du budget ne lui permettait guère d'agir autrement.

Vous n'avez certainement pas oublié que les députés composant la grande majorité de la commission actuelle du budget avaient été choisis par leurs collègues dans leurs bureaux respectifs, précisément parce qu'ils s'étaient déclarés partisans de la conversion ou de la réduction de la rente 5 0/0.

Vous n'avez pas oublié davantage qu'à la suite de la nomination de cette commission la conversion était considérée par l'opinion publique comme chose faite, et que personne ne doutait plus de son succès : lorsque tout à coup le ministre des finances a demandé la réunion d'urgence de la commission du budget à Versailles pour lui faire une communication.

Or, cette communication n'était autre chose qu'une déclaration du gouvernement portant que celui-ci considérait toute conversion ou réduction de la rente 5 0/0 comme une chose inopportune, dangereuse et dès lors impraticable ; les raisons apparentes de cette déclaration étaient que, pour entreprendre une opération de ce genre, il fallait tenir compte non-seulement de la situation financière et monétaire de la France, mais encore de celles des pays limitrophes, que, dans son opinion, par une conversion ou seulement une réduction de la rente 5 0/0 dans le moment, on s'exposait à des demandes de remboursement tellement importantes qu'on pourrait être contraint de recourir au cours forcé du billet de Banque, ce qui était de nature à engendrer les conséquences les plus graves.

Le ministre fit valoir d'autres arguments de même espèce, parmi lesquels figuraient tout naturellement l'opportunité et la nécessité de laisser au gouvernement l'initiative d'une opération financière aussi grave.

Ces raisons, je le tiens de plusieurs membres de la Commission du budget, ne parurent nullement convaincantes; néanmoins, on céda parce que l'on ne voulait pas de crise ministérielle, parce que surtout on supposait que le gouvernement avait, pour agir ainsi, d'autres motifs qu'il ne lui était pas permis de divulguer.

Ces motifs n'existent probablement plus aujourd'hui ; mais comme ils sont restés inconnus, vous ne deviez guère vous attendre à voir le ministre des finances, dans un si court intervalle de temps, reconnaître l'opportunité d'une mesure qu'il avait combattue quelques semaines avant.

C'est encore à l'opportunité qu'on a eu recours cette fois ; mais comme cet argument commence à s'user, le ministre a parlé de bonne et de mauvaise conversion et, pour donner un exemple, il est remonté jusqu'en 1824 et il a cité une conversion faite à cette époque par un chancelier de l'Echiquier anglais, nommé Robinson.

J'avoue ne guère comprendre ce que 1824 et

M. Robinson peuvent avoir de commun avec 1879, quand, depuis 1824, tous les Etats, y compris la France, ont fait de nombreuses conversions qui, à des degrés différents, ont toutes réussi.

Si, pour édifier la Chambre sur ce qu'il appelle la bonne ou la mauvaise conversion, le ministre s'était arrêté à 1852 ou 1862, il eût, ce me semble, été plus logique.

Je reconnais, sans peine, que ces deux dernières conversions qui sont, la première, l'œuvre de M. Bineau, la seconde, l'œuvre de M. Fould, étaient très-mal faites et inopportunes.

En effet, en 1852, le 5 0/0 était à peine de quatre unités au-dessus du pair, aucune mesure de précaution n'avait été prise, aucune discussion préalable n'avait eu lieu, et cependant, avec plus d'audace que de sagesse, M. Bineau avait subitement, par décret de celui qui était alors tout-puissant en France, proclamé dans le *Journal officiel* la réduction du 5 0/0 en 4 1/2 0/0, offrant le remboursement au pair à tous ceux qui n'accepteraient pas la conversion et cela dans un délai de vingt jours; de telle sorte que pendant ces vingt jours il pouvait se présenter à chaque heure au Trésor des demandes de remboursement, pour un chiffre tel que ce remboursement devenait impossible.

Notez qu'il s'en est fallu de peu que cela n'arrivât. Car, tant que les cours de la rente 5 0/0 étaient au-dessus du pair, c'était au marché des fonds publics qu'arrivaient les vendeurs, préférant, comme de rai-

son, 104, 103, 102, 101 et même 100.25 à 100.
Mais le jour où le marché a plié sous ces offres cons-
tantes, qnand le prix de 100 francs a été perdu, alors
ont commencé les angoisses, et, sans un effort sur-
humain fait instantanément par les banquiers, dont
on croyait pouvoir se passer, sans l'intervention du
chemin de fer de Paris-Lyon qui avait un grand capital disponible, sans l'intervention puissante du baron
James de Rothschild, l'opération était complétement
manquée, et peut-être l'Empire n'aurait jamais pu
l'établir. Mais pourquoi cette éventualité a-t-elle été
un moment si menaçante? C'est que d'abord entre le
cours du 5 0/0 et le pair prix du remboursement, il
n'y avait pas un écart suffisant, et que, sentant le
côté faible de son système et spéculant sur la paresse
ordinaire du porteur de titres, M. Bineau avait fait
décréter, que ceux-là seraient censés avoir accepté la
conversion, qui ne viendraient pas demander leur
remboursement. Cela était certainement très-habile
mais il n'avait pas compris qu'au lieu de venir au
remboursement, on préférerait vendre ses rentes,
tant que le cours serait au-dessus du pair, pour venir
au Trésor seulement dans le cas où la rente serait
au-dessous du cours de cent francs.

En deux mots, M. Bineau s'était placé téméraire-
ment en face d'un inconnu qu'il est très-facile d'éviter, ainsi que je me propose de vous l'indiquer
plus loin.

La conversion de 1862, faite par M. Achille Fould,
était encore une mauvaise conversion, son but n'é-

tait nullement de diminuer le prix de l'intérêt, ce que se proposait le ministre était de se procurer une certaine somme d'argent sans ouvrir le Grand Livre. Il y a réussi, au prix, il est vrai, d'un sacrifice chèrement payé, puisqu'il a fallu donner aux porteurs de 4 1/2 0/0 une quantité équivalente de rentes 3 0/0 moyennant une soulte. Le résultat final a été de créer une quantité considérable de 3 0/0 et tout cela pour avoir voulu faire une conversion quand le 4 1/2 0/0 était trop près du pair.

Mais le ministre s'est bien gardé de parler de ces deux conversions et d'en tirer une conséquence quelconque ; il sentait qu'il aurait été trop facile de le réfuter

Il a également gardé un silence profond sur les diverses conversions américaines, anglaises, belges, hollandaises, etc. Il n'a pas parlé davantage de la conversion qu'opère en ce moment même la Ville de Paris par l'entremise du Crédit foncier. Et cela pour une raison bien simple, c'est qu'il aurait mis à néant lui-même toutes les raisons d'inopportunité ou de crainte de remboursement qu'il invoquait.

Fait réel et incontestable, la conversion ou la réduction, comme vous l'avez si judicieusement indiqué, est praticable depuis 1877. C'est donc bien 69,200,000 francs que perd l'État pour l'avoir différée depuis cette époque.

Quand je dis 69,200,000 francs, c'est un minimum ; et ceci m'amène naturellement à vous parler des divers modes de conversion, tous praticables, procurant tous une économie budgétaire, et pouvant, selon le mode employé, exercer sur les finances de l'État des influences plus ou moins avantageuses.

Je connais quatre méthodes de conversion. Je commence par celle qui paraît avoir actuellement vos préférences, uniquement, sans doute, parce que vous la croyez immédiatement exécutable et que, d'après vous, il vaut mieux tenir que courir.

Cette méthode est la réduction du 5 0/0 en 4 1/2 0/0.

Vous avez mille fois raison de le dire : quand le 5 0/0 est à 116.25, coupon de juillet détaché et le 4 1/2 0/0 à 113, où est donc l'insensé venant demander le remboursement à 100 francs de ce qu'il pourrait vendre sur le marché 113 ? Ce serait en tout cas une belle chance pour le Trésor. Mais n'y croyez pas, il ne viendra pas même une coupure de 5 francs de rente au remboursement.

Le second mode, évidemment très-praticable, serait celui que préconise chaque jour dans son journal M. Pereire, qui voudrait qu'on donnât 4 fr. 50 c. de rentes 3 0/0 pour chaque 5 francs de rentes 5 0/0. Le 3 0/0 étant à 82 francs, M. Pereire offrirait 123, valeur vénale de 4 fr. 50 c. de rentes 3 0/0 pour 5 francs de rente 5 0/0 valant 116.25. Oh! il est bien certain qu'ils accepteraient tous et payeraient probablement volontiers une soulte à l'État.

La troisième méthode qui compte un bon nombre d'adhérents, consisterait à offrir 4 francs de rentes

3 0/0 perpétuel pour chaque 5 francs de rentes 5 0/0.

Enfin, ceux qui voudraient tout concilier, les intérêts des rentiers et ceux du Trésor, estiment que la meilleure de toutes les combinaisons serait de convertir le 5 0/0 contre du 3 0/0 amortissable, en offrant à chaque porteur de 5 francs de rente 5 0/0 4 francs de rente 3 0/0 amortissable.

Selon moi, tous ces moyens sont bons; chacun d'eux réussira s'il est employé. Le plus mauvais donnera à l'Etat 34,600,000 francs d'économie par an.

Je vais les examiner successivement tous les quatre.

Je repousse la réduction du 5 0/0 en 4 1/2, par cette raison péremptoire que le 4 1/2 0/0 est lui-même à un cours qui le rend convertissable. Ce cours, qui est 113, est tellement au-dessus du pair, que, dans mon opinion, il faudra sous peu le convertir en 4 0/0; et dès lors je ne vois pas pourquoi on ferait une opération qui serait à recommencer dans un délai très-rapproché. Cela ne serait ni sage ni prudent.

Je sais fort bien que dans l'opinion des partisans de la réduction du 5 0/0 en 4 1/2 ce n'est que le commencement d'une série de conversions qui va du 5 0/0 au 4 1/2, du 4 1/2 au 4, du 4 au 3 1/2 et finalement du 3 1/2 au 3 0/0 ainsi que cela s'est pratiqué dans d'autres pays et notamment en Angleterre.

Je sais également qu'on ferait ainsi quatre économies de 34,600,000 francs chaque et au total 138,400,000 francs.

Cela est exact, mais quand arrivera-t-on à ce résultat? L'opération bonne en apparence ne sera-t-elle pas un obstacle à l'unification de la dette, tant qu'il existera un 4 1/2 ou même un 4 0/0. Quel espoir peut-on avoir d'améliorer sensiblement le cours du 3 0/0. C'est pourtant à cela qu'il faut viser; car nous avons d'immenses travaux publics à terminer et ce n'est qu'au moyen d'émission de 3 0/0 amortissable que nous pourrons y arriver. Il faut que ce 3 0/0 atteigne le plus tôt possible les environs du pair, ce qui ne saurait exister si nous conservons du 5 0/0, du 4 1/2 ou même du 4 0/0. Il en résulterait qu'on sacrifierait un bénéfice immédiat à un avenir tout à fait incertain.

Le 4 1/2, nous l'avons vu de 1852 à 1862, est un fonds sans élasticité possible, mort-né, c'est le fonds du passé : il ne faut pas le ressusciter.

A plus forte raison doit-on rejeter bien loin l'idée de convertir le 5 0/0 contre du 3 0/0 perpétuel à raison de 4 fr. 50 c. de rentes 3 0/0 pour 5 francs de rentes 5 0/0.

Cette combinaison exigerait une augmentation du capital nominal de notre Dette de *trois milliards et demi*, en sorte que pour remplacer les sept milliards de 5 0/0, il faudrait créer dix milliards et demi de 3 0/0.

On obtiendrait également un boni de 34,600,000 francs, avec cette différence qu'il n'y aurait plus rien à espérer de ce chef et que si un jour par hasard le 3 0/0 français arrivait au-dessus du pair et qu'une conversion en 2 1/2 0/0 devînt possible, on se trouverait en face d'un capital nominal de dix milliards et demi, uniquement produit par la conversion du 5 0/0, non compris le 3 0/0 perpétuel déjà existant.

Cette méthode est absolument inadmissible et ne comporte pas une discussion sérieuse; il suffit de l'énoncer et de l'expliquer pour qu'elle soit évincée.

Convertir le 5 0/0 en 3 0/0, à raison de 4 francs de rentes 3 0/0 perpétuelles contre 5 francs de rentes 5 0/0, serait, à mon avis, la meilleure de toutes les combinaisons, puisqu'ainsi l'État bénéficierait immédiatement de 69,200,000 francs et que l'augmentation du capital nominal serait du tiers de sept milliards au lieu de la moitié, et que d'ailleurs elle serait largement compensée par l'immense économie de 69,200,000 francs par an.

Malheureusement, nos gourvernants, déjà si timides quand il est question de réduire le 5 0/0 en 4 1/2, n'auraient jamais le courage de retrancher aux rentiers 20 0/0 de leur revenu sans aucune compensation tangible. Et cependant, même pour cette combinaison, je ne craindrais aucune demande de remboursement: car c'est du 3 0/0 à 75 francs qu'on offrirait aux porteurs du 5 0/0, et le cours actuel du 3 0/0 étant au-dessus de 82, cela représente 110 francs pour chaque cinq francs de rentes 5 0/0. Personne, je le suppose du moins, ne viendra dire que, par suite de cette conversion, le 3 0/0 tomberait au-dessous de 75 francs : c'est pourtant ce qu'il faudrait craindre pour croire à une demande de remboursement.

En Amérique, en Allemagne, en Autriche, où l'on s'occupe un peu moins du rentier et de la Bourse, et beaucoup plus des contribuables, on n'hésiterait pas. Il paraît qu'en France c'est bien différent, et que du rentier et de la Bourse dépend le sort de notre gouvernement.

J'abandonne à regret ce système, qui me paraît le plus juste et le plus sensé, pour arriver à un moyen terme qui, à mon avis, concilie tout et arrive par une autre voie au même résultat : je veux parler du 3 0/0 amortissable.

Il me paraît indubitable qu'en offrant 4 francs de rentes 3 0/0 amortissable à chaque porteur de cinq francs de rente 5 0/0, les rentiers seraient admirablement traités et l'État y trouverait également son compte.

Le résultat serait, pour le rentier, de recevoir pour 5 francs de rentes 5 0/0 valant aujourd'hui environ 116 fr. 25 c., 4 francs de rentes 3 0/0 valant 113 fr. 33 c. remboursable dans une moyenne de 54 ans à 133 fr. 33 c.

Ici le rentier perd en apparence comme dans la combinaison du 3 0/0 perpétuel le cinquième de son revenu, mais cette perte est compensée par une plus-value certaine de 20 francs pour chaque 5 francs de rentes. Et de plus au lieu d'un titre aléatoire soumis à toutes les vicissitudes de la politique et des crises financières, il reçoit une véritable obligation à revenu fixe, avec un remboursement très-avantageux et la chance de sortir chaque année par voie de tirage, comme cela se pratique pour les obligations de chemins de fer et de la Ville de Paris. J'ajoute et je démontrerai mathématiquement que ce titre est bien meilleur marché que ceux qu'émet en ce moment le Crédit Foncier, même en y comprenant les lots, puisque ceux-ci, tout compris, ne rapportent que 3 fr. 33 c. 0/0 tandis que le 3 0/0 amortissable, non compris la prime de remboursement, rapporte 3 fr. 53 c. 0/0 par an.

Pour ces motifs, je pense qu'il faut choisir cette dernière méthode.

Un mot, en passant, du 3 0/0 amortissable. Que n'a-t-on pas dit contre la création de ce fonds? C'était la planche aux assignats, qui allait arrêter tout court l'essor des fonds publics. Il se trouve que c'est précisément ce 3 0/0 amortissable qui a été le remorqueur de tous les autres fonds. Qui aurait osé songer au cours de 83 francs sur le 3 0/0 perpétuel, s'il n'y avait été amené par les 85 francs, prix auquel se cote encore aujourd'hui l'amortissable?

M. J. Péreire, l'adversaire le plus acharné du 3 0/0 amortissable, ne cesse pas d'écrire et de dire que c'est un fonds mort-né, que c'est le produit bâtard d'une fausse idée du Ministre des Finances, que ce fonds se traîne difficilement, qu'il devrait être de 4 fr. 50 c. au-dessus du cours du 3 0/0 perpétuel et que c'est là un vrai désastre.

J'ai toujours contesté et je conteste encore l'exacti-
tude du calcul employé par M. J. Pereire, et mon
opinion est que la plus-value de l'amortissable sur
le perpétuel n'est pas supérieure à 2 fr. 95, mais les
calculs de M. Pereire seraient-ils exacts, cela ne prou-
verait rien. M. J. Pereire sait aussi bien que moi
qu'un fonds nouveau, non encore entièrement classé,
est toujours à un taux relatif légèrement inférieur à
celui du fonds ancien dont le porteur n'aime guère à se
défaire. Mais un peu plus tard, quand le 3 0/0 amortissable sera mieux compris, quand il sera entré plus
avant dans la consommation, quand les Compagnies
d'assurances sur la vie auront été obligées de changer
leurs tables de vitalité, je prédis à M. J. Pereire qu'il
reviendra sur son opinion et qu'il sera bien obligé de
reconnaître avec tous les hommes impartiaux que le
3 0/0 amortissable est la plus belle création de M. Léon
Say, à qui je souhaite, pour opérer la conversion, un
courage et une tenacité aussi grands que ceux qu'il a
déployés pour le 3 0/0 amortissable.

Plût à Dieu qu'en 1871 et 1872 l'illustre et regretté
M. Thiers eût écouté les conseils de ceux qui vou-
laient, dès cette époque, créer, pour le rachat du territoire un fonds amortissable et non un fonds perpétuel. Nous aurions six à sept cents millions de plus
dans les caisses du Trésor et nous n'aurions pas à nous
occuper aujourd'hui de l'opportunité ou de la non-
opportunité de la conversion du 5 0/0.

Puisque je parle d'opportunité ou d'inopportunité,
permettez-moi de m'occuper de ce qui me paraît être

le grand cheval de bataille des adversaires de la conversion.

En 1877, époque à laquelle, matériellement parlant, la conversion était devenue praticable par l'abondance du capital disponible et l'élévation suffisante du cours de la rente 5 0/0, il y avait peut-être, même après la chute du ministre de Broglie et l'avènement du ministre Dufaure, des motifs politiques de nature à retarder la conversion.

Vous devez vous rappeler que je partageais cette manière de voir.

La majorité du Sénat était encore dans les mains des ennemis de la République, le maréchal de Mac-Mahon n'était pas précisément un grand partisan de cette forme de gouvernement ; il pouvait y avoir un danger réel à entreprendre une opération financière que des adversaires aux aguets n'auraient pas manqué d'exploiter contre les républicains lors des élections sénatoriales, comme ils l'ont fait jadis pour l'impôt des 45 centimes.

Mais actuellement tous ces motifs ont disparu.

La majorité du Sénat est acquise au gouvernement, le président de la République a donné sa démission, son remplaçant M. Jules Grévy ne saurait inspirer d'inquiétude à personne.

Y a-t-il à l'horizon lointain une complication étrangère ? nul ne l'aperçoit et je suis convaincu que l'honorable président de la Chambre des députés, qui avait bien aussi quelque appréhension pour les élections sénatoriales, quand il prononçait son discours de Romans, reconnaîtra volontiers que ceux qui ont apporté leurs économies au Trésor français en 1871 et 1872, recevant en échange du 5 0/0 à 82.50 et 84.50 avec terme et délai pour payer n'avaient pas précisément pour mobile un instinct patriotique, mais qu'ils avaient plutôt en vue leurs intérêts pécuniaires.

D'ailleurs comment pourraient-ils se plaindre ? N'étaient-ils pas suffisamment avertis par le président de la République, par le ministre des finances et principalement par le rapporteur, qu'on leur donnait du 5 0/0 à 82.50 et 84.50, uniquement parce que, ce fonds une fois arrivé au pair, on entendait renouveler le contrat, ce qui veut dire les rembourser ou les réduire.

Vous avez eu soin de citer en entier les paroles de ces trois messieurs, je ne crois pas nécessaire de les répéter ici.

La crainte de demandes nombreuses de remboursement, soyez-en convaincu, est complètement chimérique; les prix mêmes du 5 0/0 et du 4 1/2 et des deux trois sont, pour tout homme voulant réfléchir, une garantie pleine et entière contre toute éventualité de ce genre.

Voyez la Belgique. En quatre jours les deux Chambres ont voté la conversion du 4 1/2 0/0 en 4 0/0, elles ne se sont pas préoccupées un seul instant des craintes de remboursement. Elles ont eu raison; car le 4 0/0 belge est maintenant à la suite de cette conversion plus élevé que n'était le 4 1/2.

On pourra m'objecter, et j'ai la certitude qu'on m'objectera, que la dette belge convertie ne représentait que cinq cents millions, tandis que le 5 0/0 français se monte à sept milliards. Je réponds que les ressources, la population et les finances belges sont exactement dans la même proportion. Mais cela me paraît inutile, et comme au fond les demandes de remboursement paraissent être la seule crainte encore subsistante pouvant retarder la conversion, je viens vous faire connaître un moyen de faire cesser cette crainte, pour lequel je ne veux aucun brevet d'invention et qui me paraît devoir mettre fin à toute hésitation de la part du gouvernement.

Jusqu'à ce jour toutes les conversions obligatoires se sont faites sur le même type que celle de 1852. C'est encore ce mode qui vient d'être employé en Belgique, bien qu'entre le fonds à convertir et le pair il n'y eût que 5 points d'écart, tandis qu'en France il y en a plus de 16.

Par décret inséré au *Journal Officiel*, ou par la publication des lois votées par les Chambres, on informait les porteurs de la rente à convertir que, dans un délai déterminé, tous ceux qui n'auraient pas demandé au Trésor le remboursement de leurs titres seraient censés avoir accepté la conversion proposée.

Ce procédé est généralement employé surtout quand le fonds converti est trop rapproché du pair. Le raisonnement est juste. Ceux qui comptent être remboursés doivent se déplacer et se présenter au Trésor pour recevoir leur paiement, puis pourvoir à un nouvel emploi de leurs fonds, ce qui nécessite une seconde démarche, tandis que ceux qui acceptent n'ont absolument rien à faire puisque leur silence parle pour eux.

En deux mots le Trésor spécule sur la paresse des porteurs de rentes.

C'est là le bon côté de ce mode de conversion.

Voici le revers de la médaille. Si, par un événement imprévu quelconque, et surtout en présence d'une masse de titres 5 0/0 telle qu'elle existe en France, une baisse venait à se prononcer et que le prix du 5 0/0 descendît au-dessous du pair, certainement l'embarras pourrait devenir grand pour le Trésor. C'est ce qui a failli arriver en 1852, c'est ce qu'il est très-facile d'éviter par une simple interversion dans la loi.

Aussi je propose de faire la loi de conversion de la manière suivante (peu importe celle des quatre méthodes que je vous ai indiquées plus haut).

« Les porteurs de rentes 5 0/0 sont informés que
» pendant un délai de X..... à partir du jour
» désigné par le Ministre des Finances, ils devront
» déclarer à Paris, soit au Trésor, soit aux percepteurs
» et receveurs des finances, en province chez les
» trésoriers-payeurs généraux, les receveurs parti-
» culiers, les percepteurs, s'ils entendent accepter la
» conversion ou la réduction proposée par l'État ;
» et dans ce cas leurs titres seront frappés d'un timbre
» constatant leur adhésion. Les porteurs qui ne se
» présenteront pas aux guichets désignés dans le délai
» voulu seront censés avoir refusé leur adhésion et

» seront soumis au remboursement qui s'effectuera
» aux caisses désignées à cet effet par le Ministre des
» Finances, et aux époques déterminées par lui. Jus-
» qu'au jour du remboursement, les porteurs n'ayant
» pas accepté la conversion ou la réduction recevront
» leurs intérêts sur le pied de 5 0/0 comme par le
» passé. »

L'économie de ma combinaison est des plus sim-
ples.

Aussitôt le délai fixé pour l'acceptation de la conversion expiré, les employés du Trésor, des recettes
générales et particulières ainsi que les percepteurs
feront parvenir au Ministre des Finances le recen-
sement du chiffre des rentes possédé par les accep-
tants.

Par cela même sera connu le chiffre des non accep-
tants. S'il est minime ou nul, comme ce sera le cas
dans notre hypothèse, la conversion est finie, sans
que jamais il y ait eu à se préoccuper des demandes
de remboursement.

Si par bonheur le cas contraire se présente, le
Ministre, ayant en mains le chiffre exact des demandes
de remboursement, peut faire avec qui il voudra une
ou plusieurs opérations financières, qui, en sus du
boni provenant de la réduction d'intérêt, lui assureront
encore un second bénéfice, CERTAIN, qu'il serait, de
trouver les fonds nécessaires au remboursement avec
une prime de plus-value en faveur des tiers.

Ma crainte personnelle serait que tous les porteurs
acceptassent la conversion ou la réduction ou que du

moins le nombre de ceux demandant leur remboursement ne soit pas assez grand pour que le Trésor
puisse en tirer un gros profit.

J'ai examiné, je l'espère, toutes les faces d'une
conversion, et pas plus que vous je n'ai compris les
raisons d'ajournement.

Il en existe une cependant qui pourrait être invoquée avec une apparence de fondement : je veux parler
de l'insuffisance de la récolte quelque peu compro-
mise par les pluies de juin et de juillet, et pouvant
nécessiter une certaine exportation de numéraire.

Si les fonds français étaient possédés par l'Etranger,
cette raison serait décisive, mais heureusement il n'en
est rien. Les fonds d'Etat sont en France même et,
par conséquent, l'exportation de numéraire pour
acheter des grains ne peut exercer sur le taux de
notre crédit aucune influence.

Nous n'avons pas non plus à redouter la disette ou
même le renchérissement du pain, car avec l'argent
que nous possédons, personne ne le contestera, avec
le télégraphe électrique, les bateaux à vapeur et les
chemins de fer, du moment qu'il y a abondance dans
un pays, il n'y a plus le moindre danger de voir ni
la disette ni même les prix élevés du froment, phé-
nomène qui se produisait autrefois par l'absence des
moyens de transport.

Tout en laissant au gouvernement l'initiative, à la
condition toutefois qu'il s'en serve, je pense, comme
vous, que la réduction ou la conversion de la rente est
opportune, praticable et facile. Je persiste à croire

que le mieux est de convertir en 3 0/0 amortissable, parce que le rentier reçoit une rente suffisante, un capital beaucoup plus élevé et que l'État peut inscrire à l'actif de son budget une première somme de 34,600,000 francs destinés au dégrèvement des impôts de production et, d'autre part, une seconde somme de la même importance qui lui permet d'amortir, en 75 ans, toute la dette créée pour la libération du territoire.

Enfin, de cette manière, en faisant disparaître le 4 1/2 0/0 et remboursant le 4 0/0, il n'y aura plus d'autres inscriptions que celles provenant du 3 0/0 amortissable, principalement à l'usage des particuliers et des sociétés d'assurances sur la vie qui ne veulent ou ne peuvent exposer à des variations leur capital, et du 3 0/0 perpétuel à l'usage des grands capitalistes et des sociétés de crédit, et aussi, pourquoi se le dissimuler, de la spéculation.

Je me tromperais étrangement si, après la disparition complète du 5 0/0, du 4 1/2 0/0 et même du 4 0/0, nos 3 0/0 français ne devenaient pas l'équivalent des Consolidés Anglais avec cet avantage qu'ils ne sont pas comme ces derniers soumis à *l'income-tax*.

Agréez, mon cher Monsieur Allain-Targé, l'assurance de ma parfaite considération et de mes plus amicales civilités.

LÉVY CRÉMIEU.

IMPRIMERIE CENTRALE DES CHEMINS DE FER. — A. CHAIX ET Cie
RUE BERGÈRE, 20, A PARIS. — 15593-9.